W. Roselius und W. Weckner

Wer pendelt weiß mehr – Pendeln leicht gemacht

W. Roselius

Wer pendelt weiß mehr

mit Anhang: Willi Weckner

Pendeln leicht gemacht

KARL ROHM VERLAG 712 BIETIGHEIM

ISBN 3-87683-060-5

Gesamtherstellung: Otto W. Zluhan 7120 Bietigheim-Bissingen Hindenburgstr. 3

Inhaltsverzeichnis

Wie ich pendeln lernte

Als Schulbub lernte ich in einem kleinen bayerischen Städtchen von den Apothekerszwillingen Heinrich und Otto das Pendeln. Ich wurde, weil ich dort meine Schulferien bei Onkel und Tante verbrachte, von meinen Freunden eingeweiht, wie man beim Räuberspiel am leichtesten die Räuber mit dem Pendel ausfindig machen konnte. Es war natürlich ein großes Geheimnis. Keiner der anderen Buben durfte etwas über das Pendeln erfahren. Die Zwillinge hatten sich durch das Pendeln nicht nur eine Sonderstellung bei ihren Kameraden, sondern auch in der Schule geschaffen. Sie galten bei den Lehrern als Phänomen. Es gab Tage, da waren ihre Klassenarbeiten sehr gut, an anderen Tagen mangelhaft. „Dies kommt daher", erklärte Heiner, „daß Otto manchmal rauspendelt, wann das ‚Mückchen' — der Spitzname des Sprachlehrers — eine Arbeit machen will. Dann lernen wir vorher etwas. Wenn wir nicht daran denken und Otto das Pendeln vergißt, na dann ist's Schicksal und es gibt ‚mangelhaft'."
Pendeln wollte ich auch lernen, es war sehr gut und wichtig, vorher zu wissen, was auf einen zukam. Schon als Fünfzehnjähriger konnte ich damals mein Zeugnis wesentlich verbessern. Die Methode der Zwillinge hatte sich auch bei mir bewährt. Durch das Pendel bekam ich auch Freunde. „Walter, lernst du heute viel?" war die Frage, wenn wir vom Gymnasium heimgingen. „Ja", sagte ich, „heute ist's am besten, wenn wir kräftig Algebra lernen, Französisch ist nicht wichtig." So kam

es, daß es in der Klasse hieß, „Walter weiß mehr", denn ich hatte beinahe immer recht.
Mit meinem Pendel ließ ich mich nicht erwischen, ich fürchtete das große „Hallo" meiner Kameraden und das Strafgericht der Eltern.
Von den Apothekersbuben erfuhr ich auf eifriges Befragen, daß sie ihre Kenntnisse vom Großvater bezogen hatten, daß der Großvater aber nicht wollte, daß Kinder pendeln, und es ihnen deshalb verboten sei.
Erst viel später merkte ich, wie recht dieser Großvater gehabt hat. Als ich Student im letzten Semester war, hatte ich Gelegenheit, den Großvater bei seiner Arbeit mit dem Pendel zu beobachten und vieles von ihm zu lernen.
Von dieser Zeit an ließ mich der Gedanke, ein guter Pendler zu werden, nicht mehr los. Wenn es auch Jahre gab im Leben, die völlig von anderen Ideen, von anderer Arbeit ausgefüllt waren, immer wieder dachte ich an die Kindheit.
Es durfte nicht heißen, „der Walter weiß mehr", ich hatte es längst bei mir abgeändert in den Satz: **„Wer pendelt weiß mehr."**
Deshalb habe ich meiner kleinen Broschüre diesen Titel gegeben und versucht, meine eigenen Erfahrungen mit dem Pendel möglichst einfach für alle Pendler und für alle Interessenten niederzuschreiben.

W. Roselius

Kein Pendler ohne Selbstkontrolle

Eine langjährige Pendelpraxis hat mir gezeigt, daß der Pendel ein verläßlicher Ratgeber in allen Lebenslagen ist, daß er nicht nur Hinweise gibt über Charakter und Anlagen eines Menschen, sondern auch Hinweise über seine Gesundheitsverhältnisse, seine Aussichten, sogar über seine Zukunft.
Wie kann man so pendeln lernen? Was muß man tun, damit man erfolgreich und nutzbringend pendelt, damit man aus dem Pendeln nicht nur eine Spielerei macht? Die Beantwortung dieser Fragen ist nicht ganz einfach, weil letztlich jeder Pendler seine eigene Methode entwickelt und seine Praxis, die er anwendet, verficht und für allein richtig hält. Meine eigenen Erfahrungen, die ich nachfolgend für alle Pendelfreunde bekannt gebe, sollen deshalb nur kleine Hinweise und Anregungen zu eigenen Versuchen sein.
Jeder Pendler nimmt sich selbst als Objekt, zumindest sollte jeder Pendler bei sich selbst anfangen. Es ist ungeheuer wichtig, daß nicht nur die ersten Pendelversuche dem eigenen Ich, der eigenen Persönlichkeit gelten, sondern daß man wirklich zuerst jahrelang sich selbst kontrolliert, an sich selbst übt, ehe man dazu übergeht, andere Menschen zu beraten.
Es ist nötig, die ersten Pendelversuche völlig allein durchzuführen, über seine Beobachtungen zu schweigen und mit größter Sachlichkeit sich selbst zu kontrollieren. Deshalb betone ich noch einmal:
Meine Hinweise, die ich hier geben möchte, gelten dem

Pendler selbst; nur der Mensch, der klare Kenntnis seiner eigenen Stärken und Schwächen hat, kann sich schließlich auch damit beschäftigen, seine Mitmenschen zu beobachten, ihre Veranlagung festzustellen und sich darüber Gedanken zu machen, wie er ihnen helfen könnte.

Pendeln über getragenen Schuhen

Hier gibt es ein einfaches Mittel, eine Charakterübersicht und eine Übersicht über die Gesundheitsverhältnisse eines Menschen zu bekommen.

Man pendelt die Schuhe eines Menschen aus.

Es müssen Schuhe sein, die er in der letzten Zeit viel getragen hat, die also von ihm selbst erfüllt sind. Auch hier gilt die Regel: Zuerst werden die eigenen Schuhe ausgependelt.
Grundsätzliche Hinweise:
Der rechte Schuh enthält die Ausströmungen, die das eigentliche Wesen eines Menschen, seinen Charakter, seine Willenskraft, Möglichkeiten und Fähigkeiten betreffen.
Der linke Schuh enthält Ausströmungen, die den körperlichen Zustand eines Menschen, die Gesundheitsverhältnisse, seine Krankheitsneigungen, sein augenblickliches Befinden betreffen.
Warum pendle ich Schuhe aus?
Es ist eine bekannte Tatsache, daß Schuhe vom Träger noch mehr erfüllt werden, als Kleider. Es ist deshalb

unklug, die Schuhe eines anderen Menschen zu tragen. Für Kinder kann es sogar direkt schädlich sein, gebrauchte Schuhe anzuziehen, weil Schuhe vom körperlichen und seelischen Ich eines Menschen infiziert sind, weil in den Schuhen sogar Krankheitsstoffe abgelagert werden. Es ist ein Glück für Kinder, daß sie verhältnismäßig rasch aus den Schuhen hinauswachsen, daß die Eltern gezwungen sind, neue Schuhe zu kaufen. Für ältere Menschen, die sparsam leben müssen, ist es oft aus finanziellen Gründen nicht möglich, gebrauchte und durch zu langes Tragen ungesund gewordene Schuhe rechtzeitig durch neue Schuhe zu ersetzen.

Eine langjährige Pendelpraxis hat mir gezeigt, daß man zumindest Schuhe, die während einer langen Krankheit getragen wurden (Hausschuhe), nicht mehr anziehen sollte, wenn die Krankheit überwunden ist.

Selbstverständlich könnte man den Menschen, der ausgependelt werden soll, bequem auf eine Liege betten und seine Füße auspendeln. Es ist jedoch ein viel einfacherer Weg, zuerst den einen Schuh, dann den anderen Schuh abzupendeln. Der Pendler wird nicht abgelenkt, und das Wichtigste: kein Mensch kann in Ruhe die eigenen Füße abpendeln, aber die Schuhe geben für jeden ein geeignetes Pendelobjekt.

Wie pendelt man nun die Schuhe aus?

Der Pendler setzt sich entspannt an einen leeren Tisch, möglichst mit dem Gesicht nach Osten oder Süden. Er stützt den rechten Arm auf die Tischplatte, oder wenn es sich um große und hohe Schuhe handelt, stützt er den Arm auf Büchern ab, die er unterlegt hat. Die rechte Hand hält den Pendel zwischen Mittelfinger, Zeigefinger und Daumen. Der Pendel muß sich frei über dem Schuh bewegen können ohne anzustoßen, wenn er in große Schwingung gerät. Beim Abpendeln eines Schuhs wird der Pendel über die Stelle gehalten, wo die Ferse ruht. Die Schuhspitze zeigt, wie das Gesicht des Pendlers, entweder nach Osten, oder nach Süden. Die richtige Himmelsrichtung ist für die einzelnen Menschentypen verschieden, hier läßt sich keine Norm aufstellen, der Pendler wird aber rasch herausfinden, welches s e i n e richtige Himmelsrichtung ist.

1. Der rechte Schuh:

a) Wenn der Pendel in Schwingung kommt und sich zur Schuhmitte in einem Längsstrich nach vorne bewegt, bedeutet dies **ein gutes allgemeines Vorwärtskommen** für den Träger des Schuhs. Wenn der Pendel nur schwach schwingt, hat der Mensch nur **ein schwaches Streben;** je nach Schwingungsausschlag schließt man auf die Entwicklungsmöglichkeiten, auf den Erfolg eines Menschen. Wenn der Pendel über den ganzen rechten Schuh einen großen Längsstrich zieht: **Erfolg in der Öffentlichkeit.**
b) Wenn der Pendel **gleichmäßig vor- und rückwärts** schwingt und wenn er bei der Rückwärtsschwingung weit über den Schuh hinausschwingt, **wird der Eigner des Schuhs mit vielem nicht fertig,** was auf ihn zukommt im Leben.

c) Wenn der Pendel einen **Querstrich** macht, ist der Mensch **eigensinnig,** und zwar um so mehr, je weiter dieser Querstrich ausschwingt. **Der Erfolg wird verhindert durch das Verhalten des Menschen.**
Weitere Einzelheiten ergeben sich durch Fragen. Hierbei ist es selbstverständlich wichtig für den Pendler, daß er weiß, welche Pendelschwingung bei ihm **„gut, positiv, ja"** bedeutet, welche Pendelschwingung bei ihm **„negativ, schwach, nein"** bedeutet. Bei den meisten Pendlern zeigt der Rechtskreis **„ja"** an, der Linkskreis **„nein".**

Man stellt die Fragen, die uns interessieren, so, daß der Pendel sie mit „ja" oder mit „nein" beantworten kann.

Beispiel:

Ist der Mensch wahrhaftig?
Rechtskreis: ja,
Linkskreis: nein.
Nachgiebig?
Großer Rechtskreis: ja, nachgiebig aus Klugheit und Einsicht.
Großer Linkskreis: nachgiebig aus allgemeiner Weichherzigkeit, aus einer negativen Einstellung dem Leben gegenüber. Beispielsweise gibt es bei der echten Frau einen Linkskreis.
Querstrich: in keiner Weise nachgiebig, niemals von einer Sache zu überzeugen, ein Starrkopf.
Längsstrich: nachgiebig nur bei eigenem Vorteil.

Klug?

Rechtskreis: ja,
Linkskreis: je nach Stärke der Schwingung,
beeinflußbar, nein.

Ehrlich?

Rechtskreis: ja,
Linkskreis: nein.

Diese einfachen Beispiele zeigen, wie der Pendler vorgehen soll, wenn er ein Ergebnis zeitigen will und zunächst einmal an einer allgemeinen Charakterübersicht interessiert ist. Jeder Pendler ist aber überzeugt, seinen eigenen Charakter zu kennen, deshalb erkläre ich im Anschluß ausführlicher das Auspendeln des linken Schuhs.*

2. Der linke Schuh:

Der linke Schuh gibt Auskunft über die körperliche Beschaffenheit eines Menschen. Wir stellen hier am einfachsten Fragen. Die Spitze des Pendels ist in Ruhestellung über der Stelle des Schuhs, in der die Ferse ruht.

Die erste Frage gilt immer der Herztätigkeit und dem Blutkreislauf, denn hier gilt nicht die sonst allgemein anwendbare Regel: „Rechtsschwingung, gesund —

---

* Weitere Hinweise über Auspendlung des Charakters erhält der Pendler im dritten Teil dieser Broschüre bei der Auspendlung der „linken Hand". Ferner brachte Herr **Weckner,** Reichertshofen, schon verschiedenfach Beispiele und Erläuterungen über „Charakterpendeln" im Lorcher Astrologischen Kalender.

Linksschwingung, krank". Dies ist verständlich, wenn man sich überlegt, daß das Herz seinen Sitz in der **linken** Körperhälfte hat, und daß es der **linke** Schuh ist, der ausgependelt wird.

Herztätigkeit, Blutkreislauf?

Linkskreis: Herz und Kreislauf gesund, alles in Ordnung.

Rechtskreis: Unpäßlichkeit, Erkrankung.

Atmungsorgane?

Rechtskreis: gesund.

Linkskreis: krank oder falsche Atmung.

Ein Linkskreis kann auch verkapselte Herde in der Lunge anzeigen.

Darm und Verdauung?

Rechtskreis: gesund.

Linkskreis: krank.

Linksellipse: vorübergehende, akute Störung.

Galle?

Rechtskreis: gesund.

Linkskreis: krank.

Gelenke?

Rechtskreis: gesund, keine Ablagerungen, keine rheumatischen Beschwerden.

Linkskreis: krank, Schmerzen.

Leber?

Rechtskreis: gesund.

Linkskreis: krank.

Linksellipse: akute, vorübergehende Erkrankung.

Magen?

Rechtskreis: gesund.

Linkskreis: krank.
Linksellipse: akute Magenverstimmung.

Muskeln und Knochen?
Längsstrich: gesund.
Querstrich: krank.
Linksellipse: Muskelzerrungen, Verrenkungen, Knochenbrüche etc. und akute Erkrankungen.

Nervensystem?
Längsstrich: gesund.
Querstrich: krank, oder sehr anfällig.

Nieren?
Rechtskreis: gesund.
Linkskreis: krank.
Rechtsellipse: gute Heilmöglichkeiten.
Linksellipse: leichte Unpäßlichkeit.

Unterleib?
Rechtskreis: gesund.
Linkskreis: krank, zum Beispiel Verwachsungen, Narben.
Linksellipse: eine zur Zeit akute Unpäßlichkeit.
Rechtsellipse: vorübergehender, erhöhter Blutandrang.

Es ist empfehlenswert, die Hinweise, die der Pendel gibt, mehrere Tage hindurch zu kontrollieren und sich davon zu überzeugen, ob z. B. beim einzelnen Organ immer ein Rechtskreis schwingt, oder ob sich der Rechtskreis in einen Linkskreis ändert, oder in einen Trennstrich. Wenn der Pendel widersprechende Hinweise gibt, sollte sich der Pendler prüfen, ob es sich um eine vorübergehende Unpäßlichkeit handelt, ob er Fehlzündungen hat, weil er sich selbst nicht leistungsfähig und frisch fühlt, ob die Umgebung einwirkt, ob Störungen durch die Umwelt vorhanden sind, ein anderer Pendelplatz oder ähnliches. Es wird bei gründlicher Nachprüfung immer festzustellen sein, woher sich diese widersprechenden Aussagen ergeben. Der Pendel gibt nach Berücksichtigung aller Faktoren Hinweise darüber, wann es nötig ist, einen Arzt aufzusuchen, oder wann nur eine kleine Unpäßlichkeit vorhanden ist, und er nimmt dem Menschen die unnötige Krankheitsangst. Wie viele erschrecken maßlos, wenn sie sich nicht wohlfühlen und steigern sich gleich in die größten Befürchtungen hinein. Andere gehen leichtsinnig mit ihrer Gesundheit um, sie denken, „es wird schon wieder vergehen" und haben dadurch nicht die Möglichkeit, eine Krankheit frühzeitig auszukurieren.

Wie einfach ist es für den Pendler, wenn er sich darüber orientiert, welche Ursache seine Gesundheitsstörung hat. Deshalb sollte jeder selbst pendeln lernen und bei sich selbst Erfahrungen sammeln. Erst nach langjähriger Praxis kann der Pendler dazu übergehen, seinen Mitmenschen zu helfen und sie aus seiner Erfahrung heraus zu beraten.

Krankheit oder **Gesundheit** eines Organs auszupendeln ist verhältnismäßig leicht. Der Sitz einer Krankheit ist nicht schwer festzustellen.

Heilmittel auspendeln sollte man als Laie in den ersten Jahren der eigenen Pendelversuche in jedem Fall ablehnen, weil hierzu ein derart umfassendes Spezialwissen gehört, das man sich nicht durch Bücher, sondern nur in einer langen Lebenspraxis in ungezählten Erprobungen und Versuchen aneignen kann. Es gibt „Pendelärzte", die sich diese Kenntnisse erworben haben und die ungeheure Heilerfolge nachweisen können.

Das Pendeln über der linken Hand

Hier wird besonders ausführlich das Auspendeln der linken Innenhand erklärt, weil diese Hinweise zuerst dem Pendler gelten, der eigene Versuche macht und der zu den eigenen Erfahrungen, die er hat, meine Erprobungen, die ich durch Jahrzehnte hindurch gesammelt und notiert habe, an sich selbst überprüfen möchte. Die rechte Hand hält den Pendel, und nur Linkshänder, die anders polarisiert sind, sind imstande, mit der linken Hand gute Pendelergebnisse zu zeitigen, den Rechtshändern gelingt dies selten. Sie können selbstverständlich auch mit der linken Hand pendeln, aber die Ergebnisse sind schwach und nicht befriedigend. Beim Auspendeln der einzelnen Finger ist zu beachten, daß die Finger gespreizt sein müssen, die Hand muß bequem auf dem Tisch aufliegen, daß keine Verkrampfung eintritt.

Der Pendler selbst sollte seine ersten Versuche nicht länger als fünfzehn Minuten ausdehnen, weil er zuerst rasch ermüdet. Mit Willenseinsatz und stürmischer Energie ist beim Pendeln nichts zu erreichen.

Zunächst wird festgestellt, ob die Aussagen, die der

Pendler durch das Abpendeln des rechten Schuhs gewonnen hat, stimmen.
Allgemeine Regel: Der Pendel wird über die linke Hand gehalten. Wenn er in Längsschwingung gerät und über den Mittelfinger hinausschwingt, hat der Mensch einen Aufstieg, einen Fortschritt im Leben. Wenn der Pendel im Querstrich schwingt, hat der Mensch Hemmungen, große Schwierigkeiten, wenig Lebenserfolg.

Die Bedeutung der einzelnen Finger, der Handberge und des Handtellers für den Pendler:

Der Daumen:
Lebensfreude, Besitz, Spekulationen in Ländereien.

Daumenballen:
Liebesangelegenheiten, Vergnügen.

Der Zeigefinger:
Ehre und Ansehen in der Öffentlichkeit.

Der Mittelfinger:
Lebenstüchtigkeit in materieller und ideeller Hinsicht, Berufsleben.

Der Ringfinger:
Ehe und Partnerschaft.

Der kleine Finger:
Geldangelegenheiten und Ersparnisse.

Der Handballen unter dem kleinen Finger:
Glück in Lotterie und Spekulationen.

Unterer rechter Handballen nahe dem Handgelenk:
die Kinder und deren Angelegenheiten.

Handteller:
Verhältnisse im Alter.

Für den Pendler zeigen sich bei der Einteilung der einzelnen Bezirke der Hand kleine Abweichungen gegenüber den Richtlinien, welche die Chiromantie als Grundlagen benützt. Diese Abweichungen ergeben sich deshalb, weil der Pendel auf feinste Ausströmungen reagiert, die der Handlinienkenner nicht berücksichtigen kann, weil er sie nicht wahrnimmt.

Trotzdem stimmen nach meinen Beobachtungen letztlich die Aussagen des Pendels mit den Aussagen eines guten Chirologen überein, auch wenn die Begründungen, die zu einem Ergebnis führen, verschieden sind. Hier sollen jedoch die Möglichkeiten besprochen werden, die der Pendel bietet.

Der Daumen:

Der Daumen gibt Hinweise über Besitz, besonders über Grundstücksangelegenheiten und etwaige Erfolge oder Mißerfolge bei Spekulationen mit Liegenschaften.

Rechtskreis über den ganzen Daumen:
je größer die Schwingung, desto größer der Erfolg.

Linkskreis über den ganzen Daumen:
Verdruß mit Grundstücken, wenig oder gar kein Eigentum.

Längsstrich:
Glück mit Grundstückspekulationen.

Querstrich über den Daumen:
Fehlschläge und Verluste bei Spekulationen.
Rechtskreis über das erste Daumenglied:
Eigentum und Grundbesitz können durch eigenen Fleiß erworben werden.
Linkskreis über das erste Daumenglied:
Es ist sehr schwierig, sich den Wunsch nach Eigentum zu erfüllen.
Trennstrich über das erste Daumenglied:
Es gibt viele Wohnungsänderungen, Eigentumsbildung ist nicht möglich.
Rechtskreis über das zweite Daumenglied:
Durch gute Gelegenheiten und unerwartete Ereignisse wird ein Eigentum erworben.
Linkskreis über das zweite Daumenglied:
Unerwartet erworbenes Eigentum wird durch unkluge Handlungen, durch Leichtsinn und Genußsucht zerstört.

Der Daumenballen oder Venusberg:

Die Fortsetzung des Daumens, oder der Venusberg, verweist auf die Liebesangelegenheiten eines Menschen, auf seine Fähigkeit, andere Menschen zu unterhalten, sie zu erfreuen und auf die allgemeine Anziehungskraft, die der Mensch auf das andere Geschlecht ausübt.
Rechtskreis über dem Venusberg:
viele glückliche Liebesabenteuer mit gutem Ausgang, die Fähigkeit, andern viel Freude zu be-

reiten. Ein Bedürfnis nach Abwechslung und anregender Gesellschaft.

Linkskreis:

Liebesbeziehungen mit unglücklichem Ausgang, Entlobungen, Enttäuschungen, unerwartete Ereignisse bei gesellschaftlichen Anlässen und Festlichkeiten.

Längsstrich über den Daumenballen:

gesunde Erotik, Verläßlichkeit, angenehme und harmonische Menschen.

Querstrich über den Daumenballen:

ungewöhnliche Erlebnisse, krankhafte Neigungen, Isolierung, ungesunde Sinnlichkeit.

Der Zeigefinger:

Der Zeigefinger verweist auf Ehre und Ansehen, die ein Mensch in der Öffentlichkeit genießt, und zwar gilt beim Zeigefinger, aber auch bei den übrigen Fingern, die Regel, daß das erste Fingerglied, das der Handfläche am nächsten steht, das erste Drittel des Lebens bedeutet, das zweite Fingerglied das zweite Lebensdrittel und das dritte Fingerglied das letzte Drittel des Lebens.

Längsstrich über den ganzen Zeigefinger, noch weit in die Hand hinein schwingend:

großes Ansehen in der Öffentlichkeit.

Längsstrich über das erste Fingerglied:

Ansehen durch die Eltern und das Geburtsmilieu.

Längsstrich über das zweite Fingerglied:

Ansehen, das sich der Mensch durch seine Tüchtigkeit und Anpassungsfähigkeit erwirbt.

Längsstrich über das dritte Fingerglied:

der Mensch genießt in älteren Jahren Ansehen in der Öffentlichkeit und beschließt das Leben als sehr geachtete Persönlichkeit.

Querstrich über den Zeigefinger:

Mißerfolg und wenig öffentliche Beachtung. Das Fingerglied, das den stärksten Querstrich verursacht, zeigt an, ob sich der Mißerfolg im zweiten oder im dritten Lebensdrittel einstellt.

Rechtskreis über den ganzen Zeigefinger:

der Mensch kann sich durch eigenes kluges Verhalten Ansehen erwerben.

Linkskreis über den Zeigefinger:

der Mensch verscherzt sich durch eigene Schwächen seine Möglichkeiten im Leben. Ein Linkskreis verweist auch auf Arroganz und unangebrachte Selbstsicherheit.

Linksellipse über den ganzen Zeigefinger:

Schwierigkeiten durch Recht und Gesetz, mangelndes Rechtsempfinden.

Rechtsellipse über den ganzen Zeigefinger:

wechselndes Ansehen in der Öffentlichkeit als Folge eigener wechselnder Ansichten des Menschen.

Der Mittelfinger:

Der Mittelfinger verweist auf eine allgemeine Lebenstüchtigkeit oder Untüchtigkeit und damit auf das Berufsleben.

Längsstrich über den ganzen Mittelfinger:
Glück und Erfolg im Beruf, die Möglichkeit, es im Leben zu etwas zu bringen.

Querstrich über den ganzen Mittelfinger:
große Schwierigkeiten für den Menschen, es ist hier zu überprüfen, welches Fingerglied am stärksten einen Querstrich verursacht. Danach sind Rückschlüsse auch auf eine schwierige Lebensperiode möglich.

Rechtskreis über das erste Fingerglied:
bescheidene, aber auskömmliche Verhältnisse.

Rechtskreis über das zweite Fingerglied:
gute Lebensverhältnisse, angenehme Berufsmöglichkeiten, Tüchtigkeit bei der Arbeit.

Rechtskreis über das erste und zweite Fingerglied:
der Mensch arbeitet sich beruflich empor; er verfügt über einen guten Verstand und weiß seine Chancen zu nützen.

Rechtskreis über das dritte Fingerglied:
gute Verhältnisse in älteren Lebensjahren.

Rechtskreis über den ganzen Finger:
eine befriedigende Position wird im Leben erreicht. Ob sich zu dem Berufsleben gleichzeitig Glück und Ansehen zugesellt, zeigt sich bei der Auspendlung des Zeigefingers.

Linkskreis über dem ersten Fingerglied:
Unglück und Verdruß im ersten Lebensdrittel, schwere Berufswahl.
Linkskreis über dem zweiten Fingerglied:
Schwierigkeiten im Berufsleben in mittleren Jahren.
Linkskreis über die ersten beiden Fingerglieder:
schwierige Berufsverhältnisse in jungen und mittleren Jahren.
Linkskreis über den ganzen Finger ausgedehnt:
kein Glück im Berufsleben, große Sorgen und Belastungen.
Querstrich am ersten Fingerglied:
Indolenz und Bequemlichkeit in der Jugend.
Querstrich über das zweite Fingerglied:
mangelnder Fleiß in mittleren Lebensjahren.
Querstriche über den ganzen Finger:
Untüchtigkeit und ständiger Berufswechsel.

Der Ringfinger:

Der Ringfinger gibt Auskunft über Ehe- und Partnerschaftsfragen, über die Harmonie mit anderen Menschen und die Anpassungsfähigkeit.

Längsstrich über den ganzen Ringfinger:
Heirat, je größer die Schwingung, desto günstiger die Ehe.
Querstriche zum Ringfinger:
unglückliche Ehe.

Linksellipse:
    Ehetrennung.

Schräger nach links gehender Trennstrich:
    keine Heirat, Liebesenttäuschungen.

Großer Kreis um den Ringfinger:
    verschiedene Ehen.

Kreisförmige Bewegungen an der Fingerspitze:
    keine weiteren Ehen.

Kleiner rasch schwingender Kreis
um das erste Fingerglied:
    glückliche, kurz dauernde Ehe, etwa im ersten Lebensdrittel.

Kleiner rasch schwingender Kreis
um das zweite Fingerglied:
    glückliche Ehe und Verbindung von kurzer Dauer im zweiten Lebensdrittel.

Größerer schnell schwingender Kreis
um das erste und zweite Fingerglied:
    glückliche, lang dauernde Ehe.

Nach rechts gehender Schrägstrich:
    Verzögerung der Ehe.

Rechtsellipse über den ganzen Finger:
    glückliche Ehe, aber Einmischung fremder Menschen.

Der kleine Finger:

Der kleine Finger betrifft Geldangelegenheiten und Ersparnisse.

Die finanziellen Angelegenheiten des Menschen zeigen sich bei der Auspendlung des kleinen Fingers.

Großer Längsstrich über den ganzen Finger:
Gelderfolge, gute Verdienstmöglichkeiten.

Rechtskreis über den ganzen Finger:
vernünftige Anwendung der vorhandenen Geldmittel.

Linkskreis über den ganzen Finger:
guter Geldverdienst, aber auch große Geldausgaben, unvernünftige Geldanlagen und Verluste.

Trennstrich über den kleinen Finger:
sehr schlechte Verdienstmöglichkeiten.

Kleiner Rechtskreis über das erste Fingerglied:
gute Verhältnisse im ersten Lebensdrittel.

Kleiner Rechtskreis des zweiten Fingerglieds:
gute wirtschaftliche Verhältnisse in mittleren Lebensjahren.

Kleiner Rechtskreis am letzten Fingerglied:
gute Vermögensverhältnisse und Ersparnisse in älteren Jahren.

Rascher Linkskreis am ersten Fingerglied:
unvernünftige Narrheiten und Geldausgaben im ersten Lebensdrittel.

Linkskreis am zweiten und dritten Fingerglied:
Vermögensverluste in mittleren und auch in älteren Lebensjahren

Linksellipse über den ganzen Finger:
ständige Sorgen und Schwierigkeiten wegen Geldangelegenheiten.

Rechtsellipse über den ganzen Finger:
glückliche Zufälle, aber auch Gewinne durch Ersparnisse und durch Zeitverhältnisse.

Der Handballen, der sich an den kleinen Finger anschließt (Merkurberg):

Rechtsschwingung des Pendels über den kleinen Finger und über den anschließenden Handballen:
Glück mit Geldanlagen und Spekulationen.
Linksschwingung über den ganzen kleinen Finger und den Handberg:
Verluste durch Wertpapiere und Börsenschwankungen.
Querstrich über den Handberg und über das erste Fingerglied:
ererbtes Vermögen geht verlustig.
Linksellipse über den Handberg:
Schwierigkeiten bei Geldanlagen, Verluste bei Sportereignissen und Wetten.
Rechtsellipse über diesen Handberg:
kleine zusätzliche Verdienstmöglichkeiten, aber kein bleibender Nutzen durch Gewinne.
Längsstrich über den Handberg und teilweise über den ganzen Finger gehend:
großes Erfolgszeichen, gleichzeitiger Verdienst durch Arbeit und Spekulationen.

Rechter Handballen in der Nähe des Handgelenks:

Unter dem rechten Handballen versteht man den sogenannten Mondberg, die Fortsetzung des Merkurbergs. Dieser Mondberg gibt Auskunft über die Angelegenheiten der Kinder.

Längsstrich über den Mondberg:

Glück mit Kindern, Freude und Harmonie.

Querstrich über den Mondberg:

keine Kinder oder Trennungen, Verlust der Kinder.

Linksellipse:

Sorgen und Schwierigkeiten mit Kindern.

Rechtskreis:

gesunde, gut begabte Kinder.

Linkskreis:

Krankheiten der Kinder.

Sehr kleiner Rechtskreis:

wenig Kinder.

Großer Rechtskreis:

viele Kinder und Fruchtbarkeit in der Ehe.

Der Handteller:

die Verhältnisse im Alter, das letzte Lebensdrittel

Rechtskreis über den Handteller:

kleine, gerade auskömmliche Verhältnisse im Alter.

Großer Rechtskreis über den Handteller:

gute Verhältnisse als Folge des Berufslebens, durch Pensionen, Renten, Versicherungen.

Rechtskreis, der sich über den Mittelfinger erstreckt und über den ganzen Handteller ausdehnt:

bestes Auskommen im Alter, großes Ansehen, ehrenamtliche Tätigkeit.

Linkskreis über den Handteller:

wenig Achtung in älteren Jahren. Ungelegenheiten

in der eigenen Familie, schlechte Verhältnisse im Alter.

Linkskreis über den Handteller und den Mittelfinger sich ausdehnend:

große Schwierigkeiten im Freundeskreis, Trennungen von den Mitmenschen.

Querstrich über den Handteller:

Vereinsamung im Alter.

Längsstrich über den Handteller:

ruhiges Alter, innere Harmonie.

Längsstrich über den Mittelfinger gehend und über den ganzen Handteller schwingend:

ein angenehmes Alter, inmitten der Freunde und der Familie.

Linksellipse über den Handteller, beginnend am ersten Fingerglied des Mittelfingers:

Anfeindung von Freunden und Bekannten im Alter, je größer die Linksschwingung, desto stärker sind diese Aussagen zu werten.

Rechtsellipse über die ganze Hand gehend, am ersten Fingerglied des Mittelfingers beginnend:

Nutzen durch staatliche Einrichtungen, große Häuser und Baulichkeiten.

Linker Schrägstrich über die ganze Hand gehend:

Internierung, Aufenthalt in großen Heimen, Anstalten und Krankenhäusern, schlechtes Alter.

Auf Seite 33 ist als Pendeltafel die Zeichnung der linken Hand eingefügt. Die Tafel kann herausgeschnitten werden, sie dient dem Pendler als Beispiel.

Lassen sich Glückszahlen auspendeln?

Diese Frage beschäftigt jeden Pendler. Jeder möchte gewinnen oder wünscht sich an bestimmten Tagen Erfolg und gute Ereignisse. Alle versuchen über den Pendel etwas mehr zu erfahren, deshalb werden die ungewöhnlichsten Versuche angestellt.
Meine eigene Praxis hat mir gezeigt, daß man Zahlen, die harmonisch oder disharmonisch für den Pendler sind, erkennen kann. Da jeder Mensch mehrere Glückszahlen hat, ist es wegen der Vielzahl von Möglichkeiten jedoch kaum erreichbar, daß man durch den Pendel die Losnummer feststellt, die gewinnt.
Trotzdem ist es interessant für den Pendler, seine günstigen und ungünstigen Zahlen auszupendeln, denn es gibt für ihn viele Möglichkeiten Beobachtungen anzustellen, wieweit der Pendel recht hat. Durch jahrzehntelange Versuche konnte ich drei Methoden erproben und miteinander kombinieren.

1. Auspendeln der Zahlen 1—12

Auf ein Stück Papier werden die Zahlen eins bis sechs und auf ein zweites Papier die Zahlen sieben bis zwölf aufgezeichnet. Die Seiten 34 und 35 zeigen Pendelvorlagen, die dem Auspendeln der Zahlen dienen. Über der Zahl, die abgependelt werden soll, befindet sich der Pendel in Ruhestellung. Die übrigen Zahlen sind mit einem unbedruckten Papier solange abgedeckt, bis sie an die Reihe kommen. Der Pendler verhält sich wie es die Regel vorschreibt, ruhig und passiv, er sitzt immer am gleichen Platz und pendelt nur dann, wenn er ausgeruht und frisch ist.

Der Pendel gerät über der Zahl in Schwingung, er beschreibt entweder einen Rechts- oder Linkskreis, eine Rechts- oder Linksellipse, einen Längs- oder Querstrich. Es ist selten, daß der Pendel über einer Zahl völlig in Ruhestellung bleibt und gar keine Schwingung erreicht.

Der Pendelausschlag über den Zahlen bedeutet:

Stillstand:
: diese Zahl ist für den Pendler ohne Bedeutung.

Querstrich:
: Unglückszahl, schlecht für Beginn neuer Unternehmungen.

Längsstrich:
: Diese Zahl bringt Berufserfolge, ist gut für wichtige Angelegenheiten, die die tägliche Arbeit betreffen.

Rechtskreis:
: **Glückszahl,** materiell auswertbar. Je größer der Kreis schwingt, desto größer das Glück.

Linkskreis:
: Gute Zahl für Liebesangelegenheiten, Ehe und Partnerschaft.

Rechtsellipse:
: Glück mit Menschen, die diese Zahl als Glückszahl haben.

Linksellipse:
: Unannehmlichkeiten mit Menschen, die diese Zahl

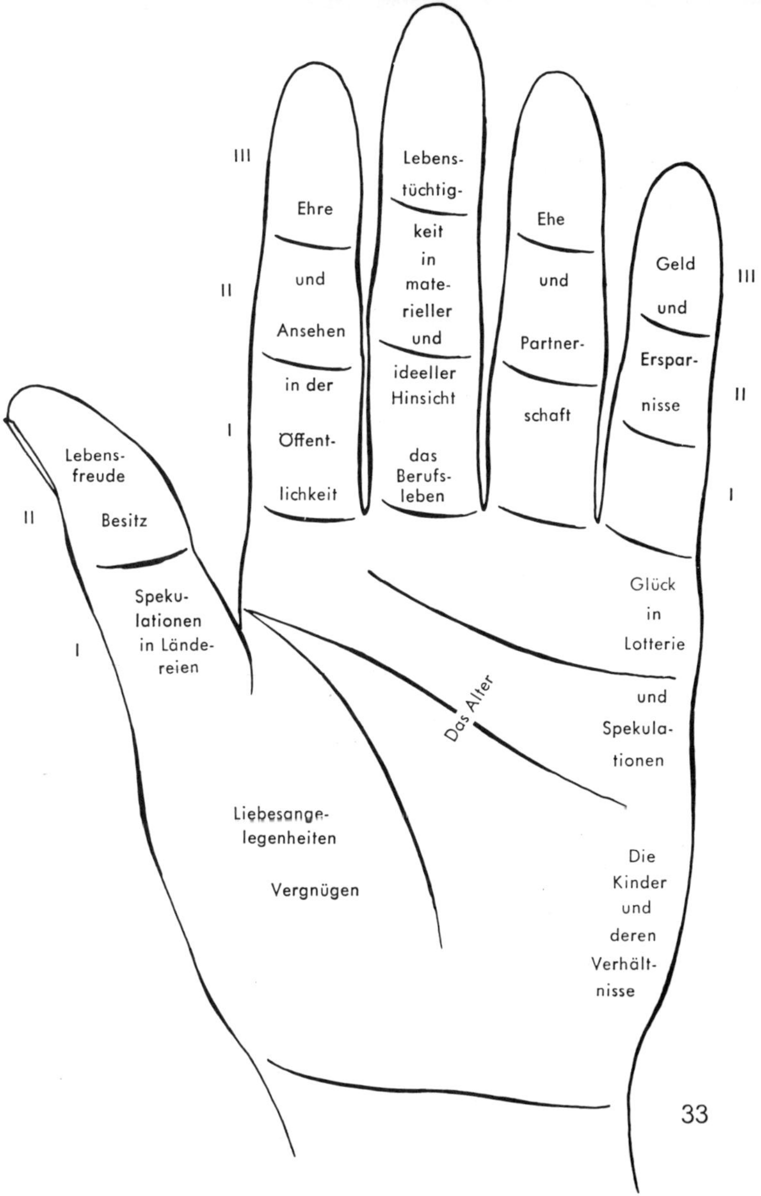
III
Ehre
und
Ansehen
in der
Öffentlichkeit
II
I
Lebenstüchtigkeit in materieller und ideeller Hinsicht
das Berufsleben
Ehe
und
Partnerschaft
Geld
und
Ersparnisse
III
II
I
Lebensfreude
II
Besitz
Spekulationen in Ländereien
I
Glück in Lotterie
und
Spekulationen
Das Alter
Liebesangelegenheiten
Vergnügen
Die Kinder und deren Verhältnisse

1	2	3
4	5	6

9

12

8

11

7

10

bitte hier abtrennen

Pendeltafel
„Verkehrszeichen"

als Glückszahl oder als Erfolgszahl im Beruf haben.

Stern:

Gute Zahl für ideelle Erfolge (unter Sternschwingung versteht man eine ständig wechselnde Pendelschwingung, die Pendelspitze bildet dadurch einen Stern).

Wenn wir unsere materiell auswertbaren Glückszahlen erkennen wollen, müssen wir nur **die** Zahlen wählen, die uns der Pendel durch den Rechtskreis zu erkennen gibt.

Wenn uns unsere günstigen Zahlen für Arbeit und Beruf interessieren, dann notieren wir uns die Zahlen, die der Pendel uns durch seinen Längsstrich anzeigt. Es ist empfehlenswert für den Pendler, wenn er sich eine kleine Tabelle macht, hinter jede Zahl die Schwingung schreibt und dadurch eine genaue Übersicht erhält, auf welchen Gebieten des täglichen Lebens die betreffende Zahl für ihn nützlich oder ungünstig ist. Selbstverständlich ist es sehr wichtig, darüber nachzudenken, ob Zahlen, die wir als „Glückszahlen" ermittelt haben, in unserem Leben schon eine wichtigo Rolle gespielt haben.

Ehe wir uns mit der Auswertung dieser Zahlen beschäftigen, ist es nötig, mindestens drei Tage lang immer wieder nachzuprüfen, ob bei neuen Pendelversuchen die Aussagen des Pendels immer gleich bleiben.

Wenn wir zum Beispiel die Zahlen 2, 6 und 10 als unsere Glückszahlen ermittelt haben, dann versuchen wir am nächsten Tag, oder zu einer anderen Zeit des

gleichen Tages, nochmals, ob sich wieder diese Zahlen als Glückszahlen bei der sorgfältigen Abpendlung sämtlicher Zahlen zwischen eins und zwölf ergeben. Diese ständige Eigenkontrolle des Pendlers ist in jedem Fall nötig und kann nicht genug empfohlen werden. Dieselbe Kontrolle sollte selbstverständlich auch bei ungünstigen Zahlen vorgenommen werden.
Jeder Anfänger, der mit dem Pendel seine ersten Versuche macht, merkt bei Gründlichkeit und ernsthaften Proben, daß er sich sehr leicht irren kann, daß er oft abgelenkt wird. Es gibt hier viele Faktoren, die zu berücksichtigen sind. Jeder Pendler muß selbst nachdenken, wo seine Fehlerquellen liegen können. Allgemeine Regeln sind hierfür nicht aufzustellen.

2. Die alte Zigeunerregel

Die Kabbalistik der Zigeuner nimmt Geburtstag, Geburtsmonat und Geburtsjahr zur Grundlage einer einfachen Rechnung und ermittelt dadurch eine besonders wichtige zweistellige Zahl, die vom Pendler untersucht werden sollte.

1. Beispiel: Geburtstag 17. 8. 1896. Wir schreiben:

	17
	8
	1896
Summe:	1921

Berechnung der Quersumme durch weitere Addition: 1+9+2+1 = Ergebnis: 13.*)

2. Beispiel: Geburtstag 25. 10. 1905. Wir schreiben:

	25
	10
	1905
Summe:	1940

Berechnung der Quersumme durch weitere Addition: 1+9+4+0=Ergebnis: 14.
Die Zahl, die sich durch die Berechnung der Quersumme ergibt, muß sorgfältig ausgependelt werden. Sie ist für den Menschen sehr wichtig auf **dem** Gebiet, das der Pendel durch seine Schwingung anzeigt. Wenn es sich um eine Glückszahl handelt, ist diese Zahl den bisher ermittelten Glückszahlen beizufügen. Wenn es sich um eine Erfolgszahl für den Beruf handelt, ist diese Zahl den Berufszahlen beizufügen usw.

3. Genaue Überprüfung der eigenen Geburtsdaten

Die Regel der Zigeuner lehrt, daß das Geburtsdatum eines Menschen ganz besonders wichtig ist und dies ist sofort verständlich, wenn wir uns überlegen, daß die Zahlen des Geburtstags uns das ganze Leben hindurch begleiten.
Diese Zahlen; Geburtstag, Geburtsmonat, Geburtsjahr werden jede für sich ausgependelt. Wichtig ist zuerst der Geburtstag. Wenn er zwischen 1. bis 12. eines Mo-

*) Das Ergebnis muß eine zweistellige Zahl bleiben.

nats fällt, ist er schon nach Regel 1 eingeteilt und ermittelt worden. Dasselbe gilt vom Geburtsmonat. Wenn der Geburtstag zwischen 13. und 31. eines Monats liegt, muß diese Geburtszahl mit dem Pendel untersucht und registriert werden. Besonders wichtig ist die Jahreszahl der Geburt. Die Jahreszahl des Geburtstags wird als ganze, vierstellige Zahl mehrmals in Abständen wie unter Nr. 1 erwähnt ausgependelt, solange, bis mit Sicherheit feststeht, zu welcher Gruppe sie gehört.

Nachfolgendes **Beispiel** erklärt den Vorgang:
Geburtstag: 23. 9. 1894

Nach Regel 1 ergeben sich für den Pendler, der seinen eigenen Geburtstag auspendelt, folgende Ergebnisse für die Zahlen 1—12:

1 = Rechtsschwingung = Glückszahl
2 = Linkskreis
3 = Linksellipse
4 = Querstrich
5 = Längsstrich
6 = Rechtsellipse
7 = Rechtsellipse
8 = Rechtskreis
9 = Linkskreis
10 = Rechtskreis
11 = Längsstrich
12 = Querstrich

Nach Regel 2

	23
	9
	1894
Summe:	1926 Quersumme = 18

Diese Zahl 18 ergibt bei sorfältiger Auspendlung durch den am 23. 9. 1894 geborenen Pendler einen Längsstrich.

Nach Regel 3 ergibt sich: 23 = Rechtskreis, 9 = Linkskreis, 1894 = Linksellipse.

Die Zahlenauswertung sieht nunmehr so aus:

Querstrich	=	Unglückszahlen: 4 und 12
Längsstrich	=	Zahlen für Berufserfolge und wichtige Angelegenheiten der täglichen Arbeit: 5, 11, 18
Linkskreis	=	Zahlen für Liebesangelegenheiten, Ehe und Partnerschaft: 2 und 9
Rechtsellipse	=	Glück mit Menschen, die diese Zahlen als Glückszahl haben: 6 und 7
Linksellipse	=	Unglück und Sorgen mit Menschen, die diese Zahlen als Glückszahl haben: 3 und 1894
Rechtskreis	=	**Glückszahlen,** materiell auswertbar: 1, 8, 10 und 23

Hier interessieren zunächst nur die Glückszahlen. **Wenn wir** über diese Glückszahlen **die verschiedenen Daten** unseres Lebens überprüfen wollen, dann müssen wir noch die Jahrhundertzahl, nämlich **die Zahl 19 dazufügen.** Wenn wir aus den Glückszahlen **Nummern** bilden wollen (beispielsweise für die Lotterie), **dann ist** selbstverständlich **die Jahrhundertzahl „19" nicht nötig.** Aus den Zahlen 1, 8, 10, 23 ergeben sich unter Zufügung der Jahrhundertzahl folgende Daten:

1. 8. 1910
10. 1. 1923
8. 1. 1910

10. 8. 1901
23. 10. 1908
10. 1. 1908 ect.

Der Pendler, der sich für diese Methode interessiert, wird unschwer weitere Daten aus den hier genannten Glückszahlen herausfinden können. Die Jahrhundertzahl 19 wird lediglich der Genauigkeit und Klarheit wegen zugesetzt. Man könnte ebenso gut schreiben: 8. 1. 23 und damit den 8. Januar 1923 bezeichnen. Oder 10. 1. 8 würde 10. Januar 1908 bedeuten.

Nummern: Beispiel für Nummernbildung aus den Glückszahlen: 110238 108123 231810 102381 812310 231081 182310 ect.

Auch diese Nummern können beliebig vermehrt und erweitert werden. **Bei der Nummernbildung ist darauf zu achten, daß die Glückszahlen nicht zerrissen werden.** Die eine oder andere Zahl kann wegfallen, aber eine 10 bleibt eine 10 und die Zahl 23 bleibt immer die Zahl 23 und wird nicht zur Zahl 32 umgewandelt, weil die Zahl 32 ja eine vollständig andere Schwingung hat.

Ein zweites Beispiel aus der Praxis soll die vorstehenden Erklärungen ergänzen und weiterführen:

Geburtstag eines Pendlers: 27. 9. 1901.

Nach Regel 1 wurden von ihm ermittelt:

Querstrich = Unglückszahl: 1
Längsstrich = Zahlen für Berufserfolg und wichtige Angelegenheiten bei der täglichen Arbeit: 5 und 10

Linkskreis	=	Zahlen für Liebesangelegenheiten, Ehe und Partnerschaft: 6 und 12
Rechtsellipse	=	Glück mit Menschen, die diese Zahlen als Glückszahl haben: 8
Linksellipse	=	Unglück oder Sorgen mit Menschen, die diese Zahlen als Glückszahl haben: 3 und 7
Rechtskreis	=	**Glückszahlen,** materiell auswertbar: 4, 9 und 11
Stern	=	Erfolgszahl für ideelle Fragen und Interessen: 2

Durch Berechnung der Regel 2 ergab sich für den Pendler die Zahl **20**. Diese Zahl zeigte beim Auspendeln einen Linkskreis und wurde den günstigen Zahlen für Liebesangelegenheiten und Ehe hinzugefügt.

Durch einen Längsstrich wurde die Geburtstagszahl 27 als günstige Zahl für Berufserfolge bezeichnet.
Durch einen Rechtskreis ergab die Jahreszahl 1901 eine weitere Glückszahl.
Die Glückszahlen aus denen **Daten** gebildet werden lauten: 4. 9. 11 und 1901. Die Zahl 19 muß immer als Jahrhundertzahl Verwendung finden, weil die Ereignisse in keinem anderen Zeitraum als Neunzehnhundert .... eintreten können. Es verbleiben also 5 Zahlen für die Datenbildung wobei die Jahreszahl 01 = 1 als ungünstig (siehe Regel 1) immer mit beachtet werden muß.
Ohne die Zahl 1 lassen sich folgende Daten bilden: 11. 4. 1909; 11. 9. 1904; 9. 4. 1911; 9. 11. 1904; 4. 11. 1909 etc. Unter Mitverwendung der Jahreszahl 1 ergeben sich

weitere Möglichkeiten: 11. 1. 1949 1. 11. 1949 9. 11. 1941 11. 9. 1941 etc.

Auch hier kann der Pendler, der eigene Versuche machen möchte, diese Zahlen und Daten noch beliebig weiter vervollständigen.

Haben nun diese ermittelten Glücksdaten tatsächlich eine Auswirkung? Der am 27. 9. 1901 geb. Pendler hatte im Jahr 1949 in der ersten Januarhälfte auf der Straße einen Sturz wegen plötzlich auftretendem Glatteis. Ein ins Schleudern geratener Lastwagen erfaßte ihn und warf ihn auf die Seite. Er konnte trotz der Wucht des Falles sofort aufstehen und hatte überhaupt keine Verletzungen. Beim Pendler handelte es sich also um einen Unglücksfall (die Zahl 1 ist in diesem Datum 11. 1. 1949 mit enthalten) der aber letztlich für ihn doch ein Glücksfall war, denn die andern stark wirksamen Glückszahlen lassen dies klar erkennen.

Im gleichen Jahr, Mitte Oktober 1949 starb eine ältere Verwandte des Pendlers. Auch hier, zunächst ein Trauerfall, ein Unglück. In den letzten Oktobertagen oder Anfang November erhielt der Mann die Nachricht, daß er durch diesen Todesfall eine kleine Erbschaft zu erwarten habe.

Natürlich ist es in vielen Fällen im Rückblick auf vergangene Lebensjahre nicht mehr möglich festzustellen, welche Ereignisse und Glücksfälle sich gezeigt haben. Es fehlen die Aufzeichnungen und Beobachtungen. Deshalb ist es wichtig, für jeden Pendler der seine eigenen Zahlen überprüft, daß er in jahrelanger Arbeit klare Aufzeichnungen macht.

Das Bilden von **Nummern** aus den Glückszahlen ist wesentlich einfacher. Sehr oft ergeben sich hierbei aber noch mehr Möglichkeiten, als bei der Datenbildung. Deshalb ist mir in meiner Praxis nur ein Fall bekannt geworden, daß ein Pendler, der nach dieser Methode gearbeitet hat, in der Lotterie einen größeren Gewinn erzielte. Andere versuchten jahrelang die verschiedenen Nummern, die ihre Glückszahlen enthielten, über die Verkaufsstellen der Lotterielose im voraus zu bestellen und konnten schließlich einen Teilerfolg erreichen. Sie haben nie das große Los gewonnen, aber sie sind so weit gekommen, daß sie wenigstens kein Geld einbüßten.

Die Vervollständigung des Beispiels 2 ergibt für die Nummern 4 9 11 und 1901 folgende Möglichkeiten:
91901411 41901911 19014911 91119014 41191901 11941901 etc.

Auch hier gibt es noch sehr viele Varianten, zumal bei diesem Beispiel die volle Jahrhundertzahl 1901 mit einzusetzen ist.

Merke: Die Nummernbildung ist so durchzuführen, daß die einzelnen Zahlen nicht zerrissen werden. Die Zahl 11 muß also so verwendet werden, daß sie immer eine 11 bleibt, es ist falsch 1+1 zu nehmen. Die Beispiele sind genau zu überprüfen, damit hier keine Irrtümer entstehen.

Als Ergänzung gebe ich noch eine interessante Beobachtung des Pendlers weiter. Seine günstigen Zahlen für Liebe und Ehe waren: 6 12 und 20. Am **20.** Mai 1927 hat der Pendler seine spätere Frau kennengelernt. Die

Hochzeit war auf 1. Dezember des gleichen Jahres festgesetzt, konnte aber erst am **6.** Dezember, also am **6. 12.** stattfinden, weil ein Elternteil, der bei der Hochzeit teilnehmen wollte, erkrankt war. Man beachte hier die Zahlen **20. 6. und 12.**

Die durch den Pendel überprüften Zahlen sind, wie die Beobachtung zeigt, auf **ihren** Gebieten genauso wirksam, wie die „Glückszahlen". Man sollte zum Beispiel bei wichtigen Berufsfragen, auf alle Zahlen achten, die durch den Pendel mit einem Längsstrich bezeichnet werden.

Die vorliegende Broschüre will aber kein Lehrbuch sein, sondern nur Anregungen zu eigenen Versuchen geben. Ein Pendler, der erkannt hat, pendeln ist kein Zeitvertreib, pendeln bringt große Alltagshilfen und Erfolge, wird ganz von selbst auf eigene Ideen und eigene Praktiken kommen, wichtig ist nur, daß er die Grundlagen kennt.

Ohne Kenntnis der Buchstaben, Worte, Begriffe und der Grammatik kann niemand ein Buch schreiben. Genauso ist es mit dem Pendeln.

Wer ein Musikinstrument erlernen möchte, braucht zuerst einen Menschen, der ihm die einfachsten Begriffe beibringt. Wenn er erfaßt hat auf welche Weise er reine und klare Töne dem Instrument entlocken kann, dann kommt es auf sein musikalisches Gehör und auf seinen eigenen Fleiß an, ob er ein guter Musiker wird. Er muß lange üben und die Freude an der Musik führt ihn letztlich zu einem Erfolg.

Jeder Pendler, der die Grundbegriffe kennt, wird lange

üben und wird, wenn er ein echtes Interesse hat, zu einem Pendelpraktiker, der viele Lebensfragen, viele Schwierigkeiten des Alltags ganz anders meistert, als ein Mensch für den alles, was an ihn herankommt, ein Zufall ist und bleibt.

Aus meiner Pendelpraxis

Jeder echte und begeisterte Pendler hat seine eigenen und markanten Beobachtungen notiert. Interessant sind die Beispiele, die sich auch der geübteste Pendler nicht restlos erklären kann, in denen der Pendel eine Situation, ein Ereignis anzeigt, das erst in der Zukunft eintritt, das im Moment des Pendelns noch nicht akut ist. Daraus ergibt sich, wir können durch den Pendel Kräfte erkennen, oder sogar Kräfte in Bewegung setzen, die ohne den Pendel uns nicht ohne weiteres nutzbar sind. Zu dieser Frage berichte ich einige selbsterlebte oder miterlebte Tatsachen.

Eine Freundin unserer Familie litt jahrelang unter heftigen Unterleibsbeschwerden. Die Ärzte konnten ihr Linderung verschaffen, aber eine völlige Heilung schien unmöglich. Auf den Rat ihres Hausarztes fuhr sie zu einem vierwöchigen Urlaub in ein Erholungsheim in waldreicher Umgebung. Dort lernte sie eine einfache Frau kennen, die ihr beschrieb, **wie man die Heilkräfte des Bodens,** besonders des Waldbodens **mit dem Pendel erkennen** und sich nutzbar machen **kann.** Sie nahm unsere Bekannte mit und führte sie an einsame Waldstellen, an denen der mitgebrachte Pendel einen sehr starken Linksausschlag zeigte. Ihre Anweisung lautete: „Nehmen Sie eine Wolldecke oder einen Wollmantel — denn Wolle verstärkt jede Heilstrahlung — und setzen Sie sich auf diese Stelle so lange, bis Sie das Gefühl haben erfrischt, munter und aufgefüllt zu sein. Sie werden es anfangs nur wenige Minuten aushalten. Sie

müssen versuchen, eine solche Stelle nicht mehr als dreimal zu benützen, weil Sie nicht nur gesunde Ströme aufnehmen, sondern auch Krankheit abgeben, dann sollten Sie sich einen anderen Platz suchen."
Unsere Freundin hatte durch den Verkehr mit unserer Familie vom Pendeln gehört. Sie hatte auch schon zu Hause mit ihrem Ehering Versuche gemacht und wußte, daß der Pendel bei ihr ausschlug. Sie befolgte vier Wochen lang diesen Rat und hatte eine derartige Erleichterung, daß alle Freunde, die sie kannten sagten: „Na diese Erholung war ja ganz groß." Eine Heilung konnte in vier Wochen nicht erfolgen, denn Regentage machten teilweise den Aufenthalt im Wald unmöglich. Ihr Gesundheitszustand war aber wesentlich besser geworden.
Nun versuchte die Patientin **Tee's auszupendeln.** Sie stellte aus einem Kräuterbuch fest, welche Teesorten zur Linderung von Frauenschmerzen in Betracht kamen. Sie benützte ihre getragenen Unterkleider für die Versuche. Wenn der Pendel tagelang dieselbe Schwingung über ihrer Kleidung und über einer Teesorte anzeigte, dann trank sie von diesem Tee und verwendete gleichzeitig diesen Tee zu Bädern. Hierbei kontrollierte sie mindestens zweimal wöchentlich, ob die Pendelaussagen gleich blieben. Sobald eine Veränderung der Pendelschwingung eintrat, ging sie auf einen anderen Tee über und kam damit so weit, daß sie sich selbst Kräutermischungen auspendelte. Im Verlauf eines Jahres hatte sie nur noch unwesentliche Beschwerden, die sie mit großer Ausdauer im dar-

auffolgenden Sommer durch weitere Ausnützung gut bestrahlter Waldstellen in der Nähe ihres Heimatortes noch weiter reduzieren konnte.
Von dieser Wald- und Teekur erhielt ich erst Kenntnis, als wir alle klar sahen, daß sich ihr Gesundheitszustand wesentlich gebessert haben mußte. Die Pendlerin war eine stille und klare Persönlichkeit, die mir auf Befragen mitteilte, daß es ein geistiges Gesetz sei, über derartige Versuche so lange nicht zu reden, bis eine Sache abgeschlossen sei.
Es war damals auch mir selbst schon zur Gewohnheit geworden, über Pendelversuche zu schweigen, und mein hochbetagter Freund im bayerischen W... hatte mir schon von Jugend an gesagt: „Wenn du ein guter Pendler werden willst, dann lerne als erstes das Maul zu halten."
Ein anderes Beispiel habe ich miterlebt und mir in allen Einzelheiten notiert.
Eine berufstätige junge Dame lernte im Alter von etwa 27 Jahren einen Mann kennen, der ihr, wie man früher sagte, „den Hof" machte. Sie hatte wenig Männerbekanntschaften und war durch Erfahrungen ihrer Freundinnen vorsichtig. Auf ihren Wunsch schenkte er ihr seine Fotografie, und sie verstand es auch, ein von ihm gebrauchtes Taschentuch an sich zu nehmen, um ein Pendelobjekt zu bekommen. Mit dem Vater der jungen Dame war ich befreundet. Ich kannte die Tochter schon als kleines Mädchen mit der Schultasche, deshalb wurde ich von ihr auch noch, als sie längst erwachsen war, „Onkel" genannt.

„Onkel, was meinst du, was sagt der Pendel, **passen wir zusammen?“** Ich bat sie um ihr Foto, pendelte auch über ihrer Hand und über einem täglich von ihr getragenen Ring. Neben ihrem Ring und Foto lagen die Gegenstände, die dem jungen Mann gehörten. Ich stellte sofort fest, daß völlig konträre Schwingungen vorhanden waren, und da ich wußte, daß sie auch eigene Pendelfähigkeit besaß, gab ich ihr zu eigenen Versuchen die ganzen Gegenstände mit und sagte zu ihr: „Mariannchen, versuche selbst zu pendeln, du mußt es selbst beobachten, damit du nicht denkst, ich würde deinem Glück im Wege stehen.“ Mit diesem Vorschlag war sie einverstanden, und sie stellte selbst fest, daß sich die Ausströmungen der Objekte durchaus nicht vertrugen, daß kein Gleichklang zu erzielen war. Sie konnte sich dies nicht erklären. Der junge Mann bemühte sich mehr als je um sie, aber sie blieb vorsichtig, war dabei aber liebenswürdig und freundlich.

„Onkel, solange der Pendel die Sache verneint, wahre ich Distanz und erkundige mich erstmal nach den Verhältnissen und dem Vorleben.“ Sie erfuhr, daß er mit vielen Mädchen zusammenkam, ohne daß eine von ihnen von der anderen etwas wußte. Sie war jetzt etwas mißtrauisch und beobachtete weiter. Sie traf sich ruhig mit ihm, aber nach wenigen Wochen versuchte er von ihr, einen größeren Geldbetrag zu leihen. Sie befragte den Pendel, er verneinte heftig, dem Mann die gewünschte Summe auszuhändigen. Diesmal erkundigte sie sich über eine Auskunftei nach seiner geldlichen Lage. Was sie erfuhr, war so erschütternd, daß sie erkannte, daß sie für diesen Bewerber nur eine Geldquelle sein sollte. Sie trennte sich von ihm in Ruhe und Freundschaft, denn sie erzählte ihm, daß sie ihre Geldmittel zu anderen Zwecken eingesetzt und festgelegt hätte. Von diesem Augenblick an war er kurz und kühl und ließ nach wenigen Tagen nichts mehr von sich hören. Nach einigen Jahren reichte mir die Tochter meines Freundes stillschweigend einen Zeitungsausschnitt, der frühere Freund war des Betruges angeklagt.

Man sieht, daß der Pendel, wenn man ihn richtig zu gebrauchen versteht, ein guter und sehr nützlicher Ratgeber werden kann. Die beiden ersten Beispiele habe ich deshalb so ausführlich gebracht, um zu eigenen Beobachtungen und Versuchen anzuregen.

Auch **im Hinblick auf die Kindererziehung** bringt der Pendel wertvolle Hinweise. Er sagt uns, ob der schreiende Säugling krank ist, ob Ernährungsfehler vorliegen, oder ob das Gebrüll völlig harmlos ist. Wenn die Kinder beginnen, ihre eigenen Wege zu gehen, kann man durch Auspendeln der Kleidung feststellen, ob sie noch klar und kindlich sind. Sittliche Delikte kann man durch das Abpendeln der Unterkleidung erkennen. Ein Abwenden von der Familie wird dadurch bestätigt, daß der Pendel an der Stelle der Kleidung, die über dem Herzen getragen wird, Trenn- oder Querstriche anzeigt.

Der Pendel ist der große Helfer, wenn wir **Reisen** beabsichtigen. Wenn es sich um Urlaubsreisen handelt und wir pendeln über dem Reiseziel, über einer größeren Landkarte oder über einem Prospekt, der eine Totalansicht des Reiseortes bringt, dann können wir klar erkennen, ob das Ziel für uns günstig oder ungünstig ist. Es ist auch für den Anfänger leicht festzustellen, welcher Himmelsstrich für den Pendler wünschenswert ist, und auch hierbei kann man beobachten, daß nicht in jedem Jahr derselbe Urlaubsort richtig ist.

Wichtig ist für alle diese Versuche, **daß der Pendler objektiv ist und bleibt,** daß er nicht durch Anwesende, nicht durch konzentrierte fremde Gedankenströme beeinflußt werden kann. Der Pendel ist nur in den Händen von Menschen ein Ratgeber, die vor dem Pendeln die richtige Einstellung haben. **Dies kann gar nicht oft genug gesagt werden.**

Wichtige Termine werden am einfachsten **über einem Kalender** ausgependelt, aber auch hier sollte der Pendler allein sein und nur dann mit dem Pendel umgehen, wenn der Terminpartner nicht ebenfalls seine Gedanken auf einen Terminplan konzentriert. Es wäre also völlig falsch, von einer Versammlung aufzuotchen und zu sagen, „meine Herren, einen Augenblick Geduld, in einer halben Stunde werde ich Ihnen meinen Entschluß bekannt geben." Wenn jemand aus der Gesellschaft weiß, daß der Partner ein Pendler ist, der jetzt im Nebenraum Versuche macht, dann wird die Antwort des Pendels unter Garantie falsch sein.
Bei einer Verlobungsfeier habe ich schon erlebt, daß eine „sogenannte Pendlerin" mitten im Gespräch mit

ihrem Tischnachbarn ihren Pendel herausholte, lässig den Arm aufstützte und über dem Gemüse, später über dem Nachtisch zu pendeln begann. Dabei erzählte sie weiter mit ihrem Gesprächspartner und bemerkte beiläufig —, ach das Essen ist gut, mein Pendel hat es mir bestätigt. Gegen derartige Spielereien mit dem Pendel habe ich immer energisch Front gemacht, der Pendel gehört nicht in die Hand von Kindern und Halbwüchsigen und erst recht nicht in die Hand von Menschen, die sich interessant machen wollen, die aber überhaupt nicht verstehen, worum es geht.
Der Pendel ist ein fein konstruiertes Instrument, das auf alle Schwingungen reagiert, wenn der Pendler sich nicht eisern zu konzentrieren versteht.
Bei einem **Stellungswechsel** kann der Pendel von größtem Nutzen sein. Zu diesem Problem mein eigenes Erlebnis.
Eine Stelle, die mir angeboten wurde, wurde von dem Pendel restlos abgelehnt, er schlug hierbei so heftige Querstriche, daß meine Hand förmlich zu zittern begann. Trotzdem nahm ich die Stellung an, weil sie große pekuniäre Vorteile bot. Im Laufe der Zeit wirkte sich dieser Arbeitsplatz für mich aber sehr übel aus. Und nun kommt das eigenartige bei dieser Sache. Der Mensch, der mir später die Stellung unhaltbar machte, der mein ärgster Feind wurde, war zu dem Zeitpunkt, als ich die Stelle annahm, noch nicht in der Firma tätig. Er trat erst einige Monate nach mir ein und von diesem Augenblick an behielt der Pendel recht, der mich von Anfang an durch heftige Querstriche von

meinem Vorhaben, die Stelle wechseln zu wollen, abzuhalten versuchte.
Unwillkürlich fragt man sich jetzt, ist es möglich, daß der Pendel künftige Ereignisse vorherspürt und überträgt?
Ich persönlich glaube dies weniger, aber ich bin überzeugt, daß wir durch die Tätigkeit mit dem Pendel Kräfte in Bewegung bringen, die wir ohne ihn nicht zu erfassen vermöchten.
Der Spiritualist glaubt, daß sich geistige Wesenheiten um uns bemühen, daß wir von entkörperten Einheiten beeindruckt werden und daß der Pendel diese Schwingungen wiedergibt.
Dies ist durchaus möglich. Andererseits neige ich persönlich mehr der zweiten Gruppe zu, die der Meinung ist, daß der Pendel auf die uns geistig umgebenden „Schwingungen" anspringt, wenn wir uns in einer Gefahr befinden, oder auch wenn wir später gefährdet sind.
Da wir selber eine feine geistige Substanz in uns tragen, die aus dem Kosmos in unser Ich gepflanzt wurde, können wir auch äußere Einflüsse, die das Weltall und die kleine Erde durchfluten, auf uns ziehen, ja in uns aufnehmen. Der Pendel dient also vielfach nur diesen unsichtbaren „Wellenlängen", die nun durch ihn uns bewußt werden. Wenn wir an eine Stelle gehen, wo später einmal uns konträre Wellenlängen einsetzen, kann ein Pendel, der doch vorher schon diese Frequenzen aufnimmt, sie uns durch Schwingung anzeigen.

Da ich nun bei diesem Thema „Schwingungen oder kosmischen Wellenlängen“ angelangt bin, möchte ich nicht versäumen, auf diese Einflüsse zu verweisen. Der eigentliche Erfolg des richtigen Pendlers liegt darin, daß er sich mit den ihm entsprechenden „Wellenlängen“ vertraut macht. Hat er sie erkannt und richtig eingesetzt, fällt es ihm nicht mehr schwer, die ihm gleichenden und ihm nützenden Wellen einzuschalten, wenn er einmal selber schwach geworden ist.

Bei Erkrankungen des Nervensystems ist vielfach eine Erhöhung dieser Schwingungen ungemein wichtig, weil sie die Substanzen, die der Mensch als Seele nicht gebraucht, verstärken und damit sein Nervensystem, das als Mittler zwischen Seele und Leib gilt, kräftigen.

Noch einen Fall, aus dem man ersehen kann, wie gleiche oder feindliche Schwingungen durch den Pendel angezeigt werden, möchte ich hier berichten.

Eine junge Frau, die bisher in großer Harmonie mit ihrem Mann lebte, stellte plötzlich fest, daß zwischen ihnen Reibungen entstanden, die sie sich nicht erklären konnte. Zu Hause gab es sehr oft eine spannungsgeladene Atmosphäre und ihr Zusammenleben litt beträchtlich unter diesen ihr völlig unverständlichen Anzeichen.

Sie hatte eine erfahrene Pendlerin als ältere Freundin und erfuhr durch sie, daß ihr Mann von gegensätzlichen Schwingungen umgeben wäre. Natürlich nahm die junge Frau an, daß es sich um eine andere Frau handelte und daß ihr Mann sich für eine Kollegin interessieren würde. Der Pendel wurde gefragt, verneinte diese Annahme und verwies auf einen älteren Herrn, auf einen Geschäftsfreund. Dieser neue Freund hatte, wie es zuerst schien, einen geradezu verheerenden Einfluß auf den Ehepartner bekommen, und die junge Frau hatte das Gefühl, daß der Ältere diesen Einfluß in unschöner Weise ausnützen würde.

Nun versuchte die Frau alles, um ihren Mann aus den Fängen seines — wie sie dachte — Versuchers zu lösen. Es war nicht möglich. Die ältere Freundin erfuhr über den Pendel, daß die Schwingungen, die der jungen Frau soviel Kummer machten, in dem jüngeren Ehemann gelegen hätten, daß der andere sie nur durch sein Hinzukommen verstärkt und ans Licht gelockt hätte. Selbstverständlich war die Frau unglücklich über diese Entwicklung, die den Untergang ihrer Ehe bedeutete. In dieser Zeit zeigte der Pendel deutlich an, daß sie selber sehr geschwächt war durch seelische Belastungen.

Auf ihre Frage, ob es nun bis an das Ende ihres Lebens so weiter gehen müßte, verneinte der Pendel, und sie erkannte aus den richtig gestellten Fragen der Freundin, daß sie in absehbarer Zeit ihre „Ergänzung" finden würde in einem Menschen, dessen „Wellenlängen" völlig mit ihren eigenen übereinstimmten. Die Richtigkeit dieser Voraussagen konnte sie immer wieder erneut nachprüfen, dadurch daß plötzlich bei der Freundin eine harmonische Rechtsschwingung kam, wenn diese Probleme durch entsprechende Fragen an den Pendel gestellt wurden. Nun versuchte die Freundin

herauszubekommen, wo dieser Mann zur Zeit sich aufhielt.
Die beiden Frauen stellten fest, daß er sich im Raum München befand. Neugierig, ob sich alles bewahrheiten würde, riet die Ältere der Jüngeren, durch ein intensives Bittgebet um kosmische Hilfen, die vorhandenen zarten, nur vom Pendel registrierten Schwingungen, zu verstärken. Auch diesen Rat befolgte die junge Frau genauestens. Durch ihre schwierigen Lebensverhältnisse, die ständigen Aufregungen mit dem Partner, plante sie eine Reise. Der Pendel bezeichnete durch Rechtskreis diesen Plan als sehr günstig. Sie war lediglich der Ansicht, daß sie nervlich ruhiger werden müßte. Den Gedanken, daß sie den Mann, auf den der Pendel verwies, kennenlernen würde, hatte sie nicht, weil sie noch zu tief von ihren eigenen Sorgen erfüllt war. Sie wählte jedoch die von dem Pendel als gut bezeichneten Daten. Das Reiseziel, der Zeitpunkt der Fahrt, der Zug, der benützt werden sollte, um zum neuen Aufenthaltsort zu gelangen, auch die Unterkunft wurde durch die Freundin, zum Teil an Hand von Prospekten, ausgependelt.
Die junge Frau lernte den Mann im Zug von München in die Berge kennen. Er fuhr nicht nur an den von ihr gewählten Ferienort, er war sogar in der von der Freundin für sie ausgependelten Pension angemeldet. Anfangs ahnte sie nicht, daß sie nun ihre wirkliche Ergänzung gefunden hatte, sie empfand nur von der ersten Minute an ein großes Vertrauen, und dieses Vertrauen wuchs im Laufe der kurzen Ferienzeit so,

daß sie dem Mann ihre Familienverhältnisse erzählte. Es lag ihr sonst gar nicht, sich Fremden gegenüber rasch aufzuschließen. Aber diese beiden Menschen verstanden sich so, daß es ihr selbstverständlich war. Ihr Verhältnis zueinander blieb ungetrübt, es artete keineswegs als Reiseflirt aus. Sie waren rein kameradschaftlich in ihrem Umgang miteinander und auf dieser Basis blieb es, bis sie heimkehrte. Selbstverständlich korrespondierte sie mit ihrem Reisegefährten. Ihr Mann war völlig einverstanden mit dieser Freundschaft. Er wurde immer mehr zum Einzelgänger. Sein Umgang mit dem älteren Freund, der selbst ohne Familie war, weckte in ihm oft den Wunsch, unabhängig zu sein. Der Briefwechsel zwischen der jungen Ehefrau und ihrem Reisegefährten zeigte jedoch den beiden Menschen noch mehr als die mündlichen Aussprachen, wie gleich sie dachten, hofften und wünschten. Die junge Frau wurde dadurch gegen die unschönen Vorkommnisse in ihrem Familienleben immun. Sie blieb, klarblickend und erkannte schneller als es ihr sonst möglich gewesen wäre, daß die Kluft zwischen ihrem Ehemann und ihr, durch den Einfluß des älteren Freundes unüberbrückbar geworden war. Auch ihr Mann fühlte sich unbefriedigt, das ständige Zusammenleben mit der jungen Frau machte ihn reizbar und ungerecht. Alles was sie beschäftigte, was in ihr durch den Briefwechsel mit dem Reisekameraden wach wurde, stieß ihn ab und war ihm fremd. Es kam so weit, daß er von sich aus eines Tages eine Trennung vorschlug. Es wurde eine Trennung in Höflichkeit und Einigkeit. Ihre

Kinderlosigkeit war der Vorwand. So löste sich ein Band auf einfache und ruhige Weise. Beide Partner gingen freundlich, aber völlig gleichgültig gegeneinander und daher auch völlig unpersönlich auseinander. Nichts blieb in ihnen von dem anderen zurück.
Ein Jahr später war die junge Frau die glückliche Gattin des ihr durch den Pendel angekündigten Partners. Wieder ein Jahr später glückliche Mutter eines gesunden Sohnes.
Ihr ehemaliger Mann fühlte sich befreit und darum beglückt, daß er nun als Junggeselle allen den Neigungen folgen konnte, die ihm die Rücksichtnahme in der Ehe auf die Partnerin untersagt hatten. Als Einzelgänger wurde er harmonisch und ausgeglichen. Er erreichte eine berufliche Verbesserung. Seine Wellenlänge, um nochmals mit den Begriffen des Funks zu sprechen, war so restlos verschieden von der Wellenlänge oder der Schwingung seiner früheren Frau, daß auch die Kinderlosigkeit dieses Paares auf diesen starken kosmischen Gegensätzen beruhte. Erst durch den Umgang mit anderen wohlgesinnten Menschen kam das eigentliche Ich der beiden Partner zum Durchbruch. Die ersten glücklichen Ehejahre basierten nur auf einer natürlichen Erotik. Bei der Frau wurde die Eigenschwingung durch die Pendlerin ausgelöst, beim Mann durch den älteren wissenden Freund.
Für beide brachte die Beschäftigung mit dem Pendel eine große Hilfe und **so wird der Pendel oft zum Glücksbringer, zum Wegweiser und sogar zum Schicksalsformer, wenn die Hand, die ihn benützt, zu einem Men-**

schen gehört, der über den irdischen Dingen zu stehen vermag und der bereit ist, für seine Mitmenschen seine Kräfte und seine Zeit aus innerer Hilfsbereitschaft zu opfern.

Helfen w o l l e n zur rechten Zeit,
Macht den Helfer zur Hilfe bereit!
Helfen m ü s s e n aus Liebe allein
Für andere, kann dich selber befrei'n!
Helfen k ö n n e n zur rechten Stund'
Löst alle Kräfte, erneuert den Bund,
Der die Menschen dem Schöpfer verbindet
Und ihnen Seine Allmacht verkündet,
Der sie im Strahlennetz jener Welt
Zu dem Einen lenkt, der sie erhält!

Nur der Mensch, der sein Ich unter die Schwingungen kosmischer Wellen stellen w i l l löst seine Willenskräfte kosmisch und gliedert sich damit dem unendlichen Strahlengefüge göttlicher Schöpfermächte ein.

Zum Schöpfer wird, der Ewiges für die Vergänglichkeit zu schöpfen versteht.

Pendeln leicht gemacht

von Willi Weckner

Unter diesem Motto brachte ich in den letzten Jahren im Lorcher Astrologischen Kalender immer wieder Beiträge aus meiner Pendelpraxis. Im Anhang an die Roselius-Broschüre, deren Inhalt von mir überprüft und sehr gut gefunden wurde, möchte ich noch einige Erfahrungen aus meiner eigenen Arbeit bringen, die für den Pendler interessant und wertvoll sind.

Zuerst möchte ich die Grundfrage beantworten: **Was braucht man zum Pendeln?**

Der Pendler braucht ein **gutes, nicht zu leichtes Pendel,** einen Gegenstand, ein Objekt, in der Pendelsprache **„Zeuge"** genannt, das er auspendeln will, und **der Pendler braucht sich selbst,** damit meine ich seine eigene Persönlichkeit und Konzentration.

Grundregeln zum erfolgreichen Pendeln:

1. Nur der Mensch erzielt gute Pendelresultate, der gesund ist. Der Pendler muß warme Hände und Füße haben, selbst das Pendel muß von ihm mit der eigenen Körperwärme erwärmt sein. Dies ist leicht zu erreichen, wenn der Pendler das Pendel mit der warmen Hand eine Zeitlang umschließt. Wenn er mit dem Pendeln beginnt, sollte er das Pendel noch einmal fest anhauchen. Ein kalter Pendel bringt keine guten Resultate.

2. Eine vorzügliche Verstärkung der eigenen Pendelfähigkeit ist zu erreichen, wenn wir unser Sonnengeflecht (plexus-solaris) gut mit einer warmen wollenen Leibbinde schützen. Diese Binde darf nicht zu fein gestrickt oder gewirkt sein, sie ist am vorteilhaftesten mit der Hand zu stricken mit einer kräftigen Wolle, ca. 20 cm breit, und es ist praktisch, sie mit einem getrennten Reißverschluß zu versehen. Diese wollene Leibbinde ist bei Tag und Nacht zu tragen, denn wir wissen alle, Wolle erzeugt Elektrizität und unser Körper ist wie ein Akkumulator, der einer ständigen Nachladung bedarf. Diese Nachladung erreicht man durch das einfache Mittel der Leibbinde. Die Binde ist auch ein Schutz, damit sich die eigenen Körperstrahlungen des Pendlers nicht verströmen.

3. Vor dem Pendeln sind Metallgegenstände am Körper zu entfernen. Uhren, Ringe, Schlüssel usw. .sind abzulegen. Wenn der Tisch, an dem der Pendler arbeitet, Schubladen hat, ist zu kontrollieren, was sich in diesen Schubladen befindet, am besten sind diese ganzen Schubladen herauszunehmen.

4. Das Pendeln selbst sollte nur im Zustande völliger Seelenruhe ohne jeden Zeitdruck, ohne Hast geschehen. Es ist ratsam, allein zu pendeln, ohne die Anwesenheit anderer Menschen, damit kein Fremddenken das Pendel beeinflußt. Auch Haustiere, die mit im Raum sind, können den Pendler stören. **Über die Pendelresultate sollte jeder Pendler, ganz besonders jeder Anfänger, absolutes Schweigen bewahren.**

5. Der Pendler achte darauf, daß er nicht in seinem eigenen Schatten steht oder sitzt, das ergibt Fehlresultate. Meine eigene Praxis ergab die besten Resultate bei der Blickrichtung nach Süden.

6. Die wichtigste Grundlage des Pendlers ist Ehrlichkeit gegen sich selbst, wer sich selbst beschwindelt und sich etwas vormacht, beschwindelt auch sehr bald andere Menschen. Der Pendler braucht Objektivität, Konzentrationsvermögen **und Vertrauen zum Pendel.**

7. Die Pendelfähigkeit ist nicht zu jeder Tageszeit gleich, hier sollte sich jeder Pendler beobachten und sofort mit dem Pendeln aufhören, sobald sich Ermüdungserscheinungen bemerkbar machen.
Weitere Hinweise enthält der erste Teil dieses Pendelbuches.

Wie ist eine Verstärkung der eigenen Pendelergebnisse zu erreichen?

Im Beitrag des Lorcher Astrologischen Kalenders 1967 berichtete ich über zwei Möglichkeiten, welche die zarten Kräfte zwischen Pendler und Pendelobjekt — „Zeuge“ — wesentlich verstärkt. Trotz aller oben erwähnten Vorkehrungen für ein erfolgreiches Pendeln sind es oft die schwachen Ausstrahlungen, die ein Pendelobjekt hat, die zu mangelhaften Ergebnissen führen. Jeder Mensch hat seine eigenen Ausstrahlungen und überträgt diese Ausstrahlung auf seine Kleider und auf die von ihm täglich benützten und am Körper getragenen Gegenstände. Ein geschwächter Mensch wird also nur eine schwache Strahlung an einen „Zeugen“, zum Beispiel einen **Ring,** eine **Uhr,** eine **Handschrift,** ein **Lichtbild** etc., abgeben. Wichtig ist es also für den Pendler, eine Verstärkung dieser Zeugenausstrahlung zu erreichen.

Ehe ich kurze Hinweise gebe, wie diese Strahlung verstärkt werden kann, verweise ich auf **die verschiedene Polarität der Menschen**. Wir alle kennen die Verschiedenheit der Menschen unserer Umgebung, es gibt Charaktere, die uns derart wesensfremd sind, daß wir überhaupt keinen Zugang zu ihnen bekommen und kein Verständnis für diese Menschen aufbringen. Dies hängt nicht nur mit der uns bekannten Sympathie und Antipathie, sondern vor allem auch mit der Polarität des einzelnen zusammen.

Ich versuche, dieses Problem möglichst einfach, vielleicht primitiv darzustellen, denn es heißt hier ja: **„Pendeln leicht gemacht".**

Wir teilen die Menschen in drei Gruppen ein und vom Pendler aus gesehen sieht es so aus:

I. Gruppe: Plus — Positiv — Aktiv (der Pendel schwingt im Rechtskreis),

II. Gruppe: Minus — Negativ — Passiv (der Pendel schwingt im Linkskreis),

III. Gruppe: Ohne Polarität (der Pendel bleibt in Ruhe hängen).

Ich persönlich benutze, um der verschiedenen Polarität der Menschen gerecht zu werden, **drei Arten von Pendeln.** Erstens den **Pendel aus Zink oder Neusilber,** zweitens **den Pendel aus Kupfer** und drittens **den Pendel, in dem Kupfer und Neusilber kombiniert sind.**

Die wichtigste Ursache, daß der Pendler keine oder doch nur sehr mangelhafte Pendelergebnisse bekommt, ist, daß der Pendel nicht zu der Polarität des jeweiligen Pendlers paßt. Damit man zu hervorragenden Ergebnissen gelangt, muß zwischen Pendel und Mensch eine Anziehungskraft und Harmonie bestehen. Hierbei gilt das physikalische Gesetz, daß sich positive und negative Materie anziehen. **Ein Pendler, dessen Polarität positiv ist, muß also den Pendel mit negativer Polarität verwenden,** und das ist **der Kupferpendel.** Demnach muß **ein Pendler, dessen Polarität negativ ist,** einen positiven **Zinkpendel** oder **Neusilberpendel** verwenden. Ein Pendler **ohne Polarität** also **den Pendel,** bei dem **Neusilber und Kupfer kombiniert** sind.

Diese Regeln sind auf jeden Fall zu beachten, denn damit wird die Grundlage zum erfolgreichen Pendeln geschaffen.
Nun entsteht aber die Frage: Wie erkenne ich meine Polarität? Hier gibt es eine sehr einfache aber trotzdem wirksame Methode. Man nimmt einen Pendel, gleichgültig ob Neusilber, Kupfer oder Neusilber-Kupfer und hält ihn in Augenhöhe. Jetzt stellt man sich die Frage: Welches ist heute meine Polarität?
Dieser Versuch kann zu folgenden Ergebnissen führen.
Der Pendel schwingt einen Rechtskreis, die Polarität ist positiv.
Der Pendel schwingt einen Linkskreis, die Polarität ist negativ. Der Pendel schwingt überhaupt nicht, oder nur schwach, es ist keine Polarität vorhanden.
Damit haben wir unsere Polarität erkannt, aber in demselben Maße, in dem wir uns ändern können, kann sich unsere Polarität ändern, d. h. ein gewissenhafter Pendler muß seine Polarität von Zeit zu Zeit prüfen, um nicht plötzlich irgendwelchen Irrtümern zu unterliegen. Aus diesem Grunde ist es sehr gut, alle drei Pendel zu besitzen, da diese Polaritätsänderungen auch nur kurzfristig auftreten können.

Wie erreichen wir nun die vorerwähnte Verstärkung?

Am einfachsten lösen wir dieses Problem mit einem Gerät, das ich immer als **„Radargerät“** bezeichnet habe. Es handelt sich dabei um einen Untergrund, der die magnetischen Strahlen unseres Zeugen erhöht und uns damit die Deutung wesentlich erleichtert.

Die Bestandteile zum „Radargerät" kann man kaufen, oder auch selber anfertigen. Man benötigt dazu **einen großen Teller,** auf den eine **Kupferspirale** gelegt wird (wichtig ist die Linksdrehung der Spirale), und als Strahlensammler legen wir in die Mitte **eine Kristallkugel.** Die Kupferspirale muß aus 2 bis 3 mm dickem Draht sein und der Abstand der Drähte darf nur 5 mm betragen. Den **„Zeugen"** legen wir zwischen Spirale und Teller. Auf diese Weise kann man zum Beispiel die schwache Strahlung einer Photographie verstärken. Hierzu ein Beispiel:
Einer meiner Pendelschüler war auf die Idee gekommen seinen verschollenen Vater zu suchen und zu finden. Der Vater war und blieb verschollen, obwohl alles getan wurde, um ihn aufzufinden. Es war noch vor dem Kriege, also normale Verhältnisse. Aber keine Polizei, kein Einwohnermeldeamt konnte eine Angabe über den Verbleib dieses verschollenen Mannes machen. Jetzt besorgte sich der Pendelschüler eine Landkarte von ganz Deutschland und versuchte sich nun mit dem FINDEN und SUCHEN seines Vaters, nach der Methode, die ich oben ausführte und die er im Pendelkurs geübt und gelernt hatte.
Die Landkarte wurde in viele kleine Quadrate eingeteilt und Quadrat nach Quadrat wurde sorgfältig erforscht, bis dem Sucher über Lübeck eine Stelle vom Pendel angezeigt wurde, die ihn vermuten ließ, daß dort der Gesuchte sein könnte. Als „Zeuge" diente ein Lichtbild von früher. Dieses Lichtbild, der Pendel, die Landkarte und natürlich die Kunst des Pendelns führ-

ten zur Auffindung des Vaters, der über 30 Jahre verschollen war.

Der Pendel beantwortet uns viele Fragen des Alltags.

Er zeigt beispielsweise, ob ein Mensch unserer Umgebung uns wohl will, oder ob er übel gegen uns handelt. Ob Nahrungsmittel frisch sind und uns bekommen. Welche Teesorte unsere Gesundheit zu einem bestimmten Zeitpunkt fördert. Ob ein Brief, den wir schreiben, eine Eingabe, die wir machen, Erfolg haben. Wir können mit dem Pendel erkennen welche Anlage und Fähigkeiten unsere Kinder haben und können ihnen damit zu einer glücklichen und befriedigenden Berufswahl verhelfen.

In den vergangenen Monaten bin ich zu einer weiteren Möglichkeit gelangt, die mir zu erstaunlich exakten Pendelergebnissen verholfen hat. Es handelt sich hier um die sogenannten **„Verkehrszeichen"**, die mir eine vorzügliche Deutung der Zeugenmerkmale ermöglichten. Ich möchte nicht versäumen, die Pendlerfreunde auch mit dieser Methode vertraut zu machen. Das erforderliche Blatt ist in verkleinertem Maßstab hier abgebildet, kann aber in Originalgröße mit Farbfolien versehen durch den Verlag dieser Broschüre und durch den Buchhandel bezogen werden. Dieses Blatt ist durch seine Einfachheit jedem Laien verständlich. Es liegt in der Nord-Süd-Richtung auf der Tischplatte, d. h. der Pendler hat vor sich den Kreis, in dem P = „Pendel" steht. Dies ist der Punkt auf den er die Pendelspitze richten muß. Die Kreise, in denen **„rot"**, **„gelb"**, **„grün"** stehen, sollen mit Buntpapier in der entsprechenden Farbe beklebt oder auch mit Buntstift kräftig ausgemalt werden. Den „Zeugen" legt man auf den dazu vorgesehen Platz, wenn der Zeuge zu groß ist, schneidet der Pendler das „Kästchen" aus, in dem das Wort Zeuge steht und legt das Pendelmaterial darunter. Im Anschluß hieran verhält sich jeder Pendler in seinen Gedanken völlig passiv um den Pendelausschlag in keiner Weise zu beeinflussen. **Der Pendel wird unter richtigen Bedingungen in eine der drei verschiedenen Richtungen ausschlagen und damit eine Frage beantworten, einen Hinweis geben.**

Wie beginne ich mit den Fragen an den Pendel? Ich taste mich mit dem Pendel an einen Menschen ebenso heran, wie ich dies bei einer Unterhaltung, einer ersten Begegnung mit einem Menschen tun würde. Dem Pendel kann ich aber über einem Zeugen direkte Fragen stellen, was bei einer Unterhaltung unmöglich ist. Wer fragt einen Menschen, den er eben kennenlernt: **Sind Sie ehrlich oder unehrlich?** Der Gesprächspartner wäre beleidigt und die Unterhaltung sofort beendet. Der Pendel beantwortet diese Frage und zwar in Verbindung mit dem Pendler. Wenn der Pendler fragt: Ist dieser Mensch mir gegenüber ehrlich, wird der Pendel mit einem klaren **„ja"** oder **„nein"** antworten. Es gibt Menschen, die irgendeine Sorge, einen Kummer, einen Verlust vortäuschen, um einen Pendler aufs Glatteis zu führen, deshalb ist meine erste Frage nach der ehrlichen Gesinnung.

Die zweite Frage stelle ich nach der Polarität.
Die dritte Frage nach dem Intellekt, dem Erkenntnisvermögen des Menschen. Es ist für den Pendler sehr wichtig, festzustellen, wen er vor sich hat, welche Anlagen, Neigungen ein Mensch besitzt, nur so kann er helfend und beratend bei schwierigen Lebensumständen einspringen.
Die hier beigefügte Pendeltafel sollte jedoch zunächst nur für ganz einfache Versuche benützt werden. Meine Hinweise gelten **dem Anfänger.** Die Fragen an den Pendel sind so zu stellen, dies kann nicht oft genug wiederholt werden, daß er mit **„ja“** oder mit **„nein“** antworten kann. Wenn der Pendel nach **„rot“** schwingt ist ein Plan, eine Sache schlecht für den Pendler, wenn er sich zum Beispiel für eine Partnerschaft interessiert und der Pendel schlägt nach links, dann ist eine Zusammenarbeit ungünstig.
Wenn der Pendel sich neutral verhält und auf **„gelb“** schwingt und damit keine Antwort auf eine Frage gibt, dann sollte man diese Frage zurückstellen. Am nächsten Tag, oder zu einer anderen Stunde dieses Tages kann der Pendel sich anders verhalten.
Wenn der Pendel nach rechts auf **„grün“** schwingt, ist eine Sache günstig und durchführbar.
Einfache Pendelversuche sind bei der Landbevölkerung selbstverständlich. Eier werden ausgependelt, ob weibliche oder männliche Tiere ausschlüpfen, bei kranken oder bei schwachen Tieren wird durch das Pendel überprüft, welche Futtermittel am günstigsten sind. Eine alte erfahrene Bäuerin erzählte: Die Tiere können nicht

reden, sie sagen mir nicht was ihnen fehlt, der Pendel zeigt es sofort an, ich nehme einen sauberen Lappen, reibe das Tier damit ab, pendle darüber und dann pendle ich Kleie, Gerste, Hafer, Fischmehl usw., die verschiedensten Futtermittel aus. Was der Pendel bejaht, das bejaht auch das schwache Tier, ganz gleich ob es sich um ein Huhn oder ein Schwein handelt. Die Tiere sind schnell gesund.

Viele Heilpraktiker sind alte Pendelpraktiker. Sie brauchen oft nicht einmal den Kranken vor sich zu sehen, es genügt, ein während der Krankheit getragenes Kleidungsstück, um eine ausgezeichnete Diagnose zu stellen.

Es gibt nahezu unerschöpfliche Möglichkeiten den Pendel nutzbringend zu gebrauchen. Eine junge Frau fand ein wertvolles Andenken mit Hilfe des Pendels in einer Bretterfuge wieder. Mir selbst passierte es vor einiger Zeit in Freiburg/Breisgau, daß ich bei meiner Abreise meine Rückfahrkarte nach Reichertshofen nicht finden konnte. Über eine Stunde suchte ich vergeblich nach der Fahrkarte. Sie kostete immerhin ca. DM 57.—, dann aber nahm ich den Pendel zur Hilfe und siehe da, die lang gesuchte Fahrkarte war da, der Pendel zeigte sie zwischen Papieren an, die schon für den Papierkorb bestimmt waren.

Ein alter Rentner hatte das Pech, seine ganze abgeholte Rente auf der Straße zu verlieren und sorgte sich deshalb sehr. Ein Freund von ihm benützte den Pendel und sagte: Du kriegst alles in einem großen Haus wieder. Auf dem Fundbüro war das Geld nicht. Schließlich kamen die beiden auf die Idee, auf einer Privatbank, die auf dem Weg zwischen Post und Wohnung des Rentners lag, nachzufragen. Der Kassierer sagte: „Bin ich froh, daß sich jemand meldet. Vor drei Stunden kam ein Kind, legte das Geld als eng zusammengelegtes Röllchen vor mich hin und sagte, das lag genau vor der Tür, das wollte sicher jemand zur Bank bringen." Der Pendel hatte auch hier genaue Hinweise und Hilfen gegeben, deshalb empfehle ich, eigene Pendelversuche zu machen, **aber ich empfehle** auch **sachlich und überlegt zu bleiben und immer wieder sich selbst zu kontrollieren, damit nicht sich unbemerkt grobe Fehler einschleichen, die zu völlig falschen Pendelergebnissen und dadurch zu einer negativen Beurteilung der Pendelpraxis führen können.**

Der Gebrauchspendel

Abbildung eines Pendelkerns mit Ring **30 g** schwer